ANDREA MANTEGNA,
LE ROI DE L'ILLUSION

— Entre inspiration antique
et passion du progrès

par Eliane Reynold de Seresin

50MINUTES

Avec la collaboration de Stéphanie Reynders

ANDREA MANTEGNA

- **Naissance ?** Né vers 1431 à Isola di Carturo.
- **Mort ?** Décédé le 13 septembre 1506 à Mantoue.
- **Contexte ?** La première Renaissance italienne ou *Quattrocento*.
- **Œuvres majeures ?**
    - *Retable de San Zeno* (1456-1459)
    - *La Mort de la Vierge* (1462-1464)
    - *Camera picta*, dite *La Chambre des époux* (1465-1474)
    - *Saint Sébastien* (version du Louvre, vers 1480)
    - *Lamentation sur le Christ mort* (vers 1484)
    - *Les Triomphes de César* (vers 1486-1501)
    - *La Vierge de la victoire* (1495-1496)

Homme de son temps, ouvert aux avancées techniques et scientifiques majeures qui marquent le xve siècle, Andrea Mantegna use à dessein de la science pour servir au mieux son art. Avec lui, le peintre, auparavant considéré comme un simple artisan, accède au statut envié et reconnu d'artiste, avec tous les privilèges que cela comporte. C'est dire l'immense aura dont il fut entouré de son vivant et bien au-delà.

En effet, aujourd'hui encore, Mantegna apparaît comme l'un des acteurs majeurs du *Quattrocento*, plus précisément comme l'un de ceux qui ont fait basculer l'Italie septentrionale dans une ère nouvelle, pour avoir posé les fondations de l'art de la Renaissance. Sa maîtrise de la perspective en contre-plongée, son art du raccourci, son souci du détail, mais également son attrait pour la gloire de l'Antiquité en font l'un des plus éminents représentants de la peinture de son temps. Passionnément attaché à l'antique et viscéralement avide de progrès, Andrea Mantegna est incontestablement l'un de ces liens, ténu mais fondateur, qui unissent l'Antiquité à la Renaissance.

CONTEXTE

REVOLUTIO : UN NOUVEAU POUVOIR

Au xive siècle, l'Europe connaît un important essor économique, la péninsule italienne en particulier. Située aux portes de l'Orient, celle-ci devient non seulement une plaque tournante incontournable pour le commerce vers l'Asie, mais ses nombreuses routes créent en outre un immense réseau commercial jusqu'à la Hanse (association des villes marchandes de l'Europe du Nord). La puissance des cités-États italiennes – l'Italie n'étant pas encore unifiée – s'en voit considérablement accrue et une nouvelle classe sociale entièrement liée à l'essor du commerce voit le jour : la bourgeoisie, composée de marchands et de banquiers. Ceux-ci jouissent d'une telle prospérité qu'ils acquièrent rapidement une grande influence, au point d'accéder aux plus hautes sphères du pouvoir. Citons par exemple les Médicis à Florence, les Montefeltro à Urbino, les Este à Ferrare, les Sforza à Milan ou encore les Gonzague à Mantoue. Rivalisant de luxe, d'élégance et de prestige, ces dynasties voient dans l'art un excellent moyen d'affirmer leur puissance. Elles multiplient alors les œillades pour s'attirer les artistes les plus en vue de l'époque, leur offrant mécénat et protection, et participent ainsi à créer une émulation artistique sans précédent.

RENOVATIO : UN RENOUVEAU CULTUREL

Née en Italie, la Renaissance désigne un vaste mouvement culturel et artistique qui s'étend de la fin du xive siècle au xvie siècle et touche l'Europe entière. Ses pères fondateurs, les Italiens Pétrarque (1304-1374) et Boccace (1313-1375), entendent rompre avec les codes et les valeurs hérités du Moyen Âge grâce à un retour à l'Antiquité, à travers l'étude des écrits gréco-romains. À leur suite, de nombreux intellectuels et artistes se passionnent pour l'Antiquité, et Andrea Mantegna n'est pas en reste. Padoue, où il travaille pendant de nombreuses années, regorge de ruines qui constitueront une formidable source d'inspiration pour ses œuvres.

Mais Renaissance ne rime pas seulement avec valorisation de l'Antiquité : ce mouvement est aussi empreint d'une philosophie humaniste qui place l'homme au centre de toutes les préoccupations. Elle vise son épanouissement à la fois sur les plans intellectuel, culturel et social, et fait preuve d'une nouvelle confiance en ses capacités. Dès lors, cette époque de renouveau se caractérise également par une immense soif de connaissance qui donne lieu à de nombreuses avancées dans tous les domaines. Parmi les découvertes majeures, citons celle du Nouveau Monde par Christophe Colomb (1450/1451-1506) en 1492 ou encore la théorie de l'héliocentrisme élaborée par Nicolas Copernic (1473-1543). Au milieu du XVe siècle, Johannes Gutenberg (vers 1400-1468) développe quant à lui la technique de l'impression, participant ainsi à la diffusion du savoir à grande échelle. Aussi les intellectuels voyagent-ils de plus en plus, propageant les innovations à travers toute l'Europe.

IMITATIO : UNE RENAISSANCE ARTISTIQUE

La nouvelle importance accordée à l'homme bouleverse profondément le domaine des arts. Si les sujets restent majoritairement religieux, les artistes de la Renaissance tendent vers davantage de réalisme et respectent désormais l'échelle des tailles – contrairement à l'art médiéval qui prônait la disproportion ou la perspective morale consistant à représenter le divin de manière plus imposante, sans souci de réalisme. Rompant avec les représentations imaginaires et oniriques du gothique, ils cherchent à rendre la nature et l'homme le plus fidèlement possible.

À cet égard, le perfectionnement de la peinture à l'huile – qui permet notamment d'accroître la netteté et la précision du trait –, les études sur le corps humain, ses proportions et son anatomie, ainsi que les recherches mathématiques sur la perspective constituent une aide précieuse. En 1435, Leon Battista Alberti (1404-1472) publie le premier traité scientifique sur l'art de la perspective en peinture, le *De Pictura*, inspiré des travaux d'Euclide (IIIe siècle av. J.-C.) et de Vitruve (vers 90-20 av. J.-C.). Sa théorie se fait l'écho de ce qui a été intuitivement perçu dans l'architecture par Filippo Brunelleschi (1377-1446), dans la sculpture par Donatello (1386-1466) et dans la peinture par Masaccio (1401-1428) et Piero della Francesca (1416-1492). Elle sera par ailleurs confirmée au siècle suivant dans l'ouvrage de Luca Pacioli (1450-1514), *La Divine Proportion*, illustré par Léonard de Vinci (1452-1519) et son fameux *Homme de Vitruve*.

Ce souci de réalisme bascule cependant peu à peu vers une certaine idéalisation, surtout dans l'art du portrait, qui connaît un succès grandissant, afin de mieux servir les puissants.

BIOGRAPHIE

LES DÉBUTS À PADOUE

D'origine modeste, Andrea Mantegna voit le jour vers 1431 chez un charpentier peu fortuné dans un village rattaché à la république de Venise, non loin de Padoue. En 1442, il est adopté par le peintre padouan Francesco Squarcione (1397-1468), qui repère rapidement son talent. Celui-ci possède une magnifique collection antique de statues, de bas-reliefs et d'objets du quotidien, et l'initie à l'Antiquité, mais aussi à l'art de la perspective. À l'âge de 17 ans, Mantegna, déjà passé maître, est chargé de réaliser une madone – dont il ne subsiste malheureusement aucune trace – pour le maître-autel de l'église Sainte-Sophie de Padoue.

Ébloui par les sculptures de Donatello, qui réside pour dix ans dans la ville, Mantegna subit également l'influence de Paolo Uccello (1397-1475), de Fra Filippo Lippi (1406-1469) ou encore d'Andrea del Castagno (vers 1420-1457), également venus un temps à Padoue. Abritant l'une des plus anciennes universités du monde, qui renferme de nombreux textes grecs et romains, et regorgeant de sites antiques, la cité padouane attire en effet de nombreuses personnalités.

Le jeune peintre aurait également rencontré Piero della Francesca, non pas à Padoue, mais à Ferrare, où il réside quelque temps vers 1445-1447. C'est d'ailleurs très certainement dans cette ville que l'artiste, appelé par Leonello d'Este (1407-1450) au printemps 1449 pour réaliser quelques commandes, découvre les œuvres flamandes, réputées pour la précision de leurs détails, notamment celles de Rogier van der Weyden (vers 1400-1464).

LES PORTES DE LA RECONNAISSANCE

C'est aussi à Padoue que Mantegna fait la connaissance du peintre vénitien Jacopo Bellini (vers 1400-1470), qui y séjourne plusieurs fois à partir de 1444 et partage avec lui l'amour de l'Antiquité. Il entretient par ailleurs des liens étroits avec son fils, Giovanni (vers 1430-1507), doté du même talent que lui pour la fresque. Le mariage de l'artiste avec la fille de Jacopo Bellini, Nicolosia, en 1453, scelle le sort des deux familles et entérine définitivement la rupture de Mantegna avec Squarcione, considéré comme l'un des concurrents des Bellini.

En 1448, Mantegna est chargé, aux côtés de trois autres peintres, de la décoration de la chapelle funéraire d'Antonio Ovetari dans l'église des Eremitani de Padoue. Suite à un concours de circonstances, l'artiste termine presque seul ce projet qui sera sa première grande signature et sur lequel il travaillera en alternance pendant neuf ans. Malheureusement, les bombardements de la Seconde Guerre mondiale ont détruit la plupart de ses fresques et seules quelques esquisses nous sont parvenues, telles que *Le Martyre de saint Christophe* ou encore *Saint Jacques conduit au martyr*.

Désormais reconnu, Mantegna est sollicité par les plus grands. Entre 1457 et 1459, l'artiste réalise notamment un retable pour l'abbé Gregorio Correr, qui dirige la basilique San Zeno de Vérone, et un saint Sébastien, commandé par la ville de Padoue qui se remet tout juste d'une épidémie de peste et entend ainsi invoquer la protection du saint.

PEINTRE DE LA COUR DE MANTOUE

En 1460, le marquis Ludovic III Gonzague (1414-1478) de Mantoue renouvelle son souhait d'avoir l'artiste à ses côtés pour magnifier la prestance de sa cour. Après de nombreuses négociations, Mantegna, nommé officiellement peintre de cour, finit par accepter. Entre 1463 et 1464, il loge d'abord dans un village à proximité de Mantoue, à Goita, où il est chargé de réaliser les fresques de la résidence ducale. Il rejoint ensuite la cour mantouane en 1466. Son salaire exorbitant pour l'époque (15 ducats par mois, sans compter le logement, le bois de chauffage, le froment, etc.) prouve son immense renommée.

De 1465 à 1474, Mantegna travaille à son chef-d'œuvre : la *Camera picta*, dite *La Chambre des époux*, un véritable hymne à la gloire des Gonzague. Ce projet colossal n'est interrompu que par deux séjours à Florence en 1466 et en 1467. Cette pièce connaît un grand retentissement dans les cours alentour, à tel point que le duc de Milan Galeazzo Maria Sforza (1444-1476) regrette dans une lettre de ne pas être inclus dans ce qu'il considère être la plus belle pièce du monde.

En 1478, lorsque Frédéric Ier Gonzague (1441-1484) accède au trône suite au décès de Ludovic III, il décerne à Mantegna les titres de comte palatin et de chevalier de l'Éperon d'or, faisant de lui l'un des rares artistes à s'élever dans la société. Le peintre se fait alors bâtir une somptueuse maison. Vers 1484, il perd l'un de ses fils, et d'aucuns pensent que sa *Lamentation sur le Christ mort* aurait été réalisée à cette époque. Rome fait ensuite appel à lui, entre 1488 et 1490, pour décorer la chapelle Saint-Jean le Baptiste du Vatican commandée par le pape Innocent VIII (1432-1492). Mais la Ville éternelle, qui aurait dû éblouir Mantegna par ses antiquités et la richesse de sa civilisation, le déçoit profondément. Le peintre ressent douloureusement le poids de l'exil.

DU *STUDIOLO* AUX DERNIÈRES HEURES

François II Gonzague (1466-1519), qui prend les rênes du pouvoir suite au décès subit de Frédéric Ier Gonzague, entend rendre à la cour de Mantoue le faste et l'élégance qu'elle avait naguère. En 1490, en épousant Isabelle d'Este (1474-1539), une femme brillante et culti-vée, il cherche à attirer les artistes les plus célèbres afin d'éblouir ses voisins. C'est à cette époque que Mantegna se consacre aux *Triomphes de César*, dans le but de célébrer ses victoires, et à une série d'œuvres religieuses, dont la fameuse *Vierge de la victoire* (1495-1496). Ensuite, aux côtés de Pérugin (1445/1450-1523), le peintre travaille au *studiolo* d'Isabelle d'Este pour lequel il réalise notamment *Le Parnasse* (1497) et *Le Combat des vices et des vertus* (1502).

La fin de la vie de l'artiste est plus sombre. Un autre de ses fils, Francesco, est exilé par le marquis, et Mantegna se voit contraint de vendre plusieurs de ses bustes antiques pour survivre. Il s'éteint peu de temps après cet épisode, à Mantoue, en septembre 1506. Un superbe monument funéraire lui est dédié, dans la chapelle Sant'Andrea où il repose. On peut y lire l'épitaphe suivante : « Toi qui regardes l'effigie en bronze de Mantegna, sache qu'il fut l'égal d'Apelle, s'il ne le surpassa. » C'est dire l'auréole de gloire qui coiffait le maître. Et comme un clin d'œil de l'histoire, Mantegna expire l'année où l'on fait une découverte fondamentale : celle du Laocoon, le plus grand groupe antique jamais trouvé à l'époque.

LA RÉFÉRENCE À L'ANTIQUITÉ

Les œuvres d'Andrea Mantegna, bercé par l'art et la culture antique dès son plus jeune âge, illustrent toutes sa profonde admiration pour l'Antiquité, spécialement pour la statuaire antique. Ses décors regorgent de références gréco-romaines, tant dans les arrière-plans que dans l'architecture des bâtiments. Déjà dans son chef-d'œuvre de jeunesse, le *Hercule chrétien* de la chapelle Ovetari, saint Christophe est attaché à un pilier gréco-romain pour être transpercé de flèches, de même que ses deux saints Sébastien, celui de Vienne (1457-1459) et celui du Louvre (vers 1480), eux aussi liés à une colonne antique.

La référence à l'Antiquité est également perceptible dans la position de ses personnages. Quelque peu rigides, ceux-ci ressemblent étonnamment à des sculptures gréco-romaines, faisant revivre cette *virtù* antique synonyme de force et de courage si chère à l'artiste. À cet égard, Mantegna utilise souvent la technique du « linge mouillé », caractéristique des statues antiques, qui consiste à recouvrir ses personnages d'un drap mouillé. Tout en couvrant l'essentiel, ce procédé permet de suggérer le modelé des formes sans pour autant les dévoiler. En outre, dans sa *Résurrection* (1457-1459), le Christ s'extirpe d'un sarcophage typiquement gréco-romain qui n'a rien de celui qui est décrit dans les Saintes Écritures. Notons enfin que dans de nombreuses œuvres, l'artiste insère des inscriptions latines et signe même parfois en alphabet grec.

L'IMPORTANCE DU TRAIT

Mantegna n'est pas, au départ, un coloriste. Bien que sa rencontre avec les Bellini l'encourage à un chromatisme plus poussé par la suite, il recourt souvent à des tons neutres et pastel. Cela s'explique en partie par le fait que formé à l'antique et particulièrement influencé par la statuaire de l'époque, il est beaucoup plus sensible au trait, à la ligne et à la précision du contour qu'à la couleur. D'ailleurs, nombre de ses tableaux ressemblent à des sculptures peintes, à l'instar de ses *Saint Sébastien*, dont les protagonistes éponymes pourraient presque être confondus avec des statues. De son vivant, on disait de lui qu'il sculptait dans le marbre avec un pinceau. Il rompt ainsi définitivement avec le style gothique, plus souple et plus doux, au profit d'une touche plus sévère, plus rigide et plus sèche.

Toutefois, au fur et à mesure de sa carrière, sa volonté d'imiter l'antique se plie peu à peu à la réalité. Ses personnages se font moins froids, moins distants, et dans ses œuvres de maturité on constate que l'artiste propose un rendu plus illusionniste. Ses figures sont certes dans la retenue et adoptent des attitudes assez raides, mais leurs visages deviennent beaucoup plus expressifs. Le travail du dessin est cependant, ici encore, primordial, car c'est grâce à la précision de chaque détail que les traits peuvent s'animer.

Parallèlement, Mantegna fut aussi un excellent graveur, une activité dans laquelle le trait est également fondamental à plus d'un titre. Bien que la parenté de certaines des nombreuses œuvres qui lui ont été attribuées par Giorgio Vasari (1511-1574) soit aujourd'hui contestée, il ne fait aucun doute que l'artiste brilla dans ce domaine et qu'il s'agissait pour lui d'un excellent moyen pour divulguer son art.

ENTRE NATURE ET CULTURE

Abandonnant les décors peu réalistes ou les fonds couverts d'or qui caractérisaient la peinture du Moyen Âge, Mantegna souhaite dépeindre son environnement avec davantage de justesse. Aussi s'efforce-t-il d'inclure dans ses œuvres une multitude de détails issus d'une observation scrupuleuse de la nature environnant Padoue et Mantoue. Ses fruits, ses guirlandes, ses arbres sont d'une précision remarquable. La nature recouvre toute son importance : le paysage fait partie intégrante des œuvres quand il n'en est pas le protagoniste principal, comme c'est le cas, par exemple, dans *Le Christ au jardin des Oliviers* du retable de San Zeno (1456-1459).

Sensible aux innovations artistiques de son époque, Mantegna profite également largement des travaux d'Alberti, créant de remarquables effets de perspective afin de renforcer le réalisme de ses décors. Mais il va encore plus loin en proposant des vues et des raccourcis en contre-plongée inédits, preuve s'il en est de son incroyable maîtrise technique. Le peintre a cherché, tout au long de sa carrière, à s'infliger les pires difficultés techniques afin de prouver qu'il était capable de les surmonter. Le raccourci en contre-plongée est d'ailleurs l'une des caractéristiques majeures de ses œuvres. Parmi celles qui y ont recours, citons *La Crucifixion*, *Lamentation sur le Christ mort* ou l'*Oculus* de *La Chambre des époux*. En outre, Mantegna est l'un des premiers à tenter d'établir un lien direct entre ses personnages et les spectateurs, en plaçant une ou plusieurs de ses figures à hauteur de leurs regards, comme pour les amener à se projeter dans ses tableaux. Ainsi, le bras de son *Saint Marc* (1447-1448), logé au creux d'une niche, sort du cadre comme pour atteindre le spectateur, un procédé très moderne pour l'époque.

SAINT SÉBASTIEN

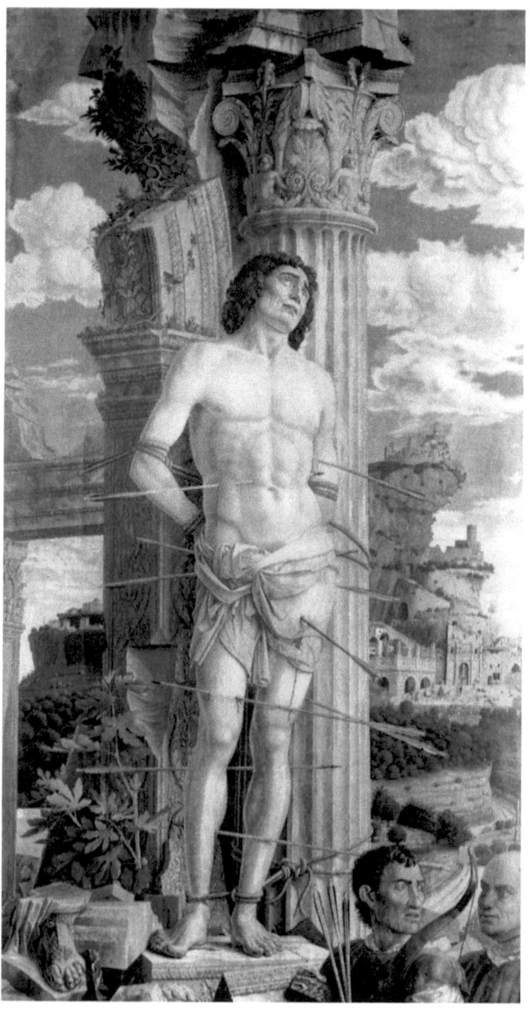

Saint Sébastien, vers 1480, tempera sur toile, 255 x 140 cm, Paris, musée du Louvre.

Le *Saint Sébastien* exposé au musée du Louvre est la seconde représentation du saint par Andrea Mantegna. Saint Sébastien protège contre les pandémies, notamment la peste. Or la Peste noire, qui décima un siècle auparavant plus d'un quart de la population européenne, est encore dans toutes les mémoires. C'est pourquoi la dévotion à ce saint est très importante à cette époque.

Selon *La Légende dorée* de Jacques de Voragine (1228-1298), saint Sébastien aurait été attaché à un arbre afin que les archers de l'empereur Dioclétien, qui persécutait les chrétiens, tuent l'un de ses proches. Toutefois, Mantegna détourne la légende en l'inscrivant dans un cadre antique : la colonne et son chapiteau supplantent en effet l'arbre d'origine. Quant à la position du saint, elle rappelle incontestablement les statues antiques en *contrapposto* léger.

Le martyr occupe la majeure partie du tableau. La verticalité de la colonne, son volume imposant et la direction des flèches font immédiatement converger le regard du spectateur vers saint Sébastien. Son corps, lumineux, se détache en outre clairement du fond de l'œuvre. Quant au raccourci en contre-plongée, il contribue lui aussi à renforcer l'importance du saint. Par ailleurs, il faut également souligner l'exactitude anatomique dont Mantegna fait preuve, soignant les moindres détails : les gouttes de sang qui perlent, les bras déformés par les cordes, etc. Ce réalisme exacerbé est utilisé à dessein pour susciter l'émotion du spectateur. Et si les archers sont dépeints, ce n'est pas tant pour donner un cadre narratif à la scène que pour que le spectateur se trouve au même niveau que les archers et ait ainsi le même point de vue qu'eux.

L'œuvre est peinte *a giorno*, c'est-à-dire que l'arrière-fond s'ouvre sur le ciel pour donner de la profondeur et un effet de perspective. Après avoir été ému par le martyr, le spectateur est ainsi invité à contempler le ciel pour y trouver l'espérance. La ville en hauteur est sans doute la Jérusalem céleste qui attend le saint et peut-être le spectateur. À cet égard, le fait que les statues antiques soient brisées montre la victoire du christianisme sur le paganisme de l'Antiquité. Le parallèle entre le pied de la statue coupée et celui du saint ne saurait prêter à confusion. Saint Sébastien remplace désormais Apollon, avec lequel la ressemblance est flagrante, outre les attributs de l'archer. Enfin, sur ce lieu de ruines, le figuier en feuilles évoque la vie : plus précisément, il symbolise la nourriture céleste, viatique du Salut, car selon *La Légende dorée*, saint Sébastien aurait survécu et serait mort plus tard.

Dans cette œuvre, Mantegna, même s'il peint un hymne à la gloire des Anciens, tient à montrer son habileté technique grâce au raccourci en contre-plongée, induisant par là même qu'il les surpasse.

LAMENTATION SUR LE CHRIST MORT

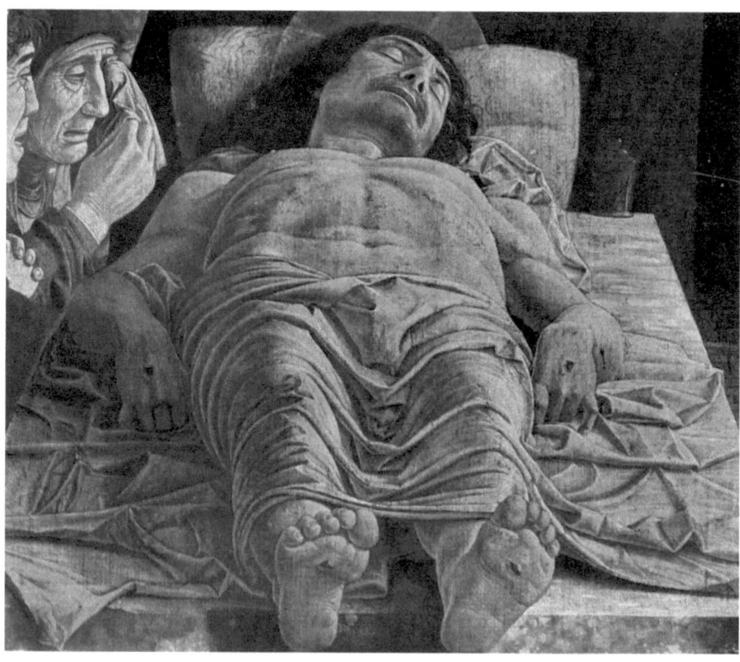

Lamentation sur le Christ mort, vers 1484, tempera sur toile, 68 x 81 cm, Milan, pinacoteca di Brera.

Si la déploration du Christ est l'un des épisodes bibliques les plus représentés, la façon dont Mantegna dépeint Jésus dans cette toile est singulière et révolutionnaire pour l'époque. En effet, les différents plans de la composition insistent particulièrement sur ses stigmates – les trous dans ses pieds et ses mains renvoient directement au martyre qu'il vient de subir – et ses membres inertes. L'artiste fait preuve d'un illusionnisme saisissant, au point que les plaies du Christ sont dérangeantes à regarder.

Le chromatisme, très restreint, participe au caractère dramatique et morbide de la scène. Les teintes rosées et brunes ne sont pas anodines et renvoient au Christ exsangue. La fiole d'onguent est là pour nous rappeler que son corps, mortel, doit être préparé. Selon les habitudes du peintre, les personnages sont inspirés de l'art statuaire. Semblable à de la pierre, le corps du Christ semble déjà figé. En même temps, cette œuvre met en avant le caractère humain du fils de Dieu. S'il semble désormais calme, la souffrance a profondément marqué son visage. Il devient dès lors accessible, comme un gisant anonyme, homme au milieu des hommes. Son auréole est d'ailleurs à peine visible, comme éthérée.

La composition en contre-plongée et le cadrage resserré contribuent à diriger le regard du spectateur vers le Christ. De plus, Mantegna triche avec la perspective en raccourci, puisque selon la règle de la proportion, la tête du Christ ne devrait pas être aussi grande. Ce dernier est si bien mis en valeur qu'on en oublierait presque les personnages sur la gauche, qui sortent d'ailleurs partiellement du cadre. L'apôtre Jean en position de prière, la Vierge Marie en larmes et Marie-Madeleine, que l'on aperçoit à peine, sont agenouillés auprès du défunt et le pleurent. Bien que leur douleur soit palpable, ils restent dignes. Ici, point de théâtralisation excessive, juste ce qu'il faut pour émouvoir et provoquer l'identification du spectateur, situé hors du cadre à l'instar des pleureurs.

Réalisée dans la dernière partie de la vie de Mantegna, cette œuvre reste dans sa collection personnelle jusqu'à sa mort. Décorant lui-même sa propre sépulture (une chapelle de l'église Sant'Andrea), peut-être se la réserve-t-il ? Quoiqu'il en soit, la toile est placée sur son catafalque durant ses obsèques avant de rejoindre la collection des Gonzague. Reflet des avancées artistiques de la Renaissance, elle est devenue au fil des années le manifeste artistique de Mantegna. L'originalité de sa perspective ne trouvera un écho que 500 ans plus tard chez Salvador Dalí (1904-1989), dans son *Ascension du Christ* (1958). C'est dire la modernité du maître.

CAMERA PICTA, DITE *LA CHAMBRE DES ÉPOUX*

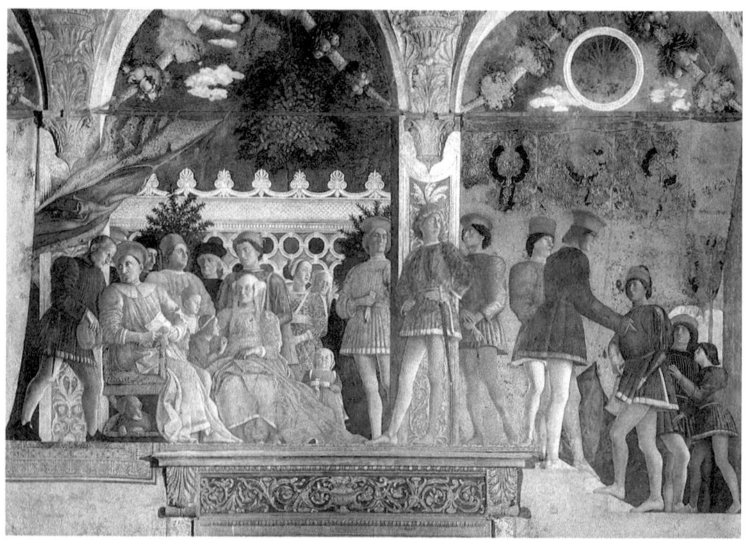

Camera picta, dite *La Chambre des époux*, 1465-1474, tempera *a fresco* et *a secco*, Mantoue, castello San Giorgio. Fresque du mur nord, *La Cour assemblée*.

Quittant Padoue, Mantegna arrive à Mantoue auréolé de gloire en 1460, après plusieurs relances insistantes de Ludovic III Gonzague. Ce dernier souhaite qu'il soit premier peintre de cour afin de donner à

Mantoue une modernité toute renaissante. Entre 1465 et 1474, l'artiste est notamment chargé de peindre la *Camera picta*, une pièce de 25 mètres carrés située à l'étage noble de la tour nord du château San Giorgio, et utilisée à la fois comme chambre à coucher et comme salle d'audience. On pense que cette commande résulte de l'élection du fils de Ludovic III, Francesco Gonzague (1444-1483), en tant que cardinal en 1463. Il s'agit en tout cas d'un véritable hymne à la gloire des Gonzague.

Les fresques de l'artiste recouvrent tous les murs, mais elles exploitent également l'architecture du lieu. Roi de l'illusion et maître du trompe-l'œil, Mantegna recourt à toutes sortes de stratagèmes pour jouer avec les éléments architecturaux et empêcher que le spectateur puisse les différencier de ses ajouts en trompe-l'œil. C'est également le cas à la chapelle Eremitari ou sur le *Retable de San Zeno* à Vérone. Obsédé par le détail, l'artiste travaille à ce chef-d'œuvre pendant neuf ans, ce qui le contraint à faire des modifications substantielles sur les personnages peints, certains étant morts quand d'autres étaient récemment admis à la cour. La *Camera picta* présente donc quelques anachronismes, par exemple la présence des petits-fils de Ludovic III qui, au début du chantier, n'étaient pas encore nés.

La paroi nord illustre *La Cour assemblée*. Assis sur un trône surplombé d'un dais, le personnage principal n'est autre que Ludovic III, accompagné de son épouse Barbara de Brandebourg et de leurs enfants. Mantegna n'a pas oublié le fidèle chien de Ludovic, Rubino, couché sous le fauteuil de son maître. Les portraits sont d'un réalisme cru et ne laissent aucune place à l'idéalisation. Les visages sont durs, peu avenants. La tenue d'intérieur de Ludovic III, ainsi que la présence d'une naine, chargée de divertir la société, dénotent l'ambiance sereine qui règne à la cour. Pour autant, le serviteur qui apporte une lettre montre que les affaires restent prédominantes. D'ailleurs, des courtisans attendent leur tour pour être reçus en audience. Cette scène évoque donc le rôle de la chambre et l'importance de Ludovic.

L'appellation *Chambre des époux* fut donnée à l'œuvre quelques décennies plus tard, en 1648. D'aucuns pensent que ce nom renverrait aux nombreux mariages qui auraient été célébrés en ce lieu. En outre, il convient de préciser qu'il s'agissait de la chambre du marquis Ludovic III uniquement et non des époux. Enfin, notons que *La Cour assemblée* fut réalisée *a secco*, avec de l'huile de lin permettant de fixer les pigments sur un mur sec, contrairement à *La Rencontre*, peinte *a fresco*, sur un mur à enduit humide.

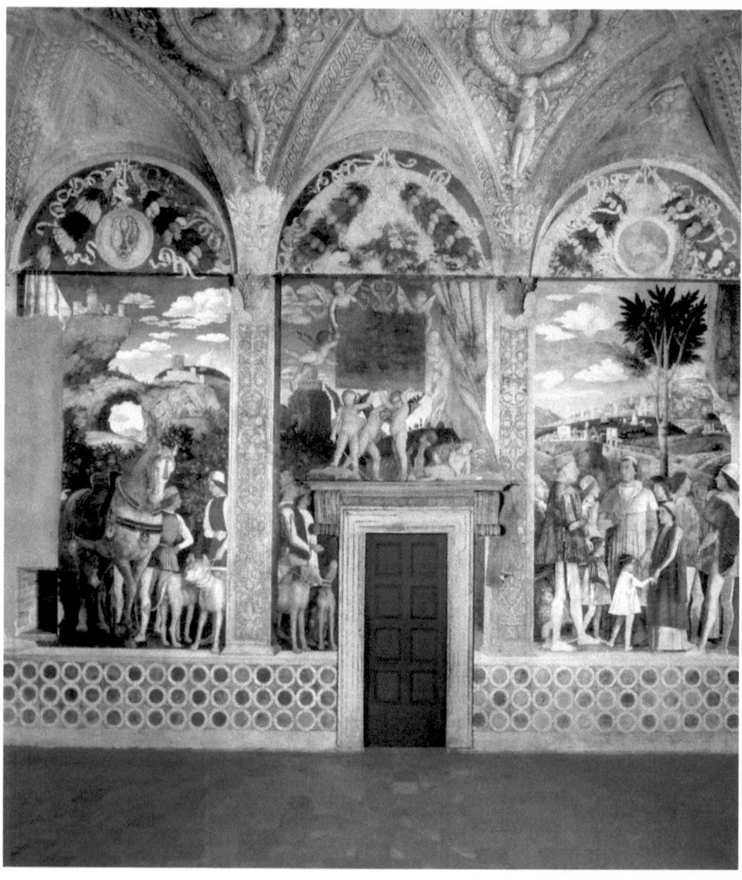

Fresque du mur ouest, La *Rencontre*.

Sur la paroi ouest se trouve *La Rencontre*. À gauche de la scène, on observe des chiens de chasse, qui soulignent la puissance financière des Gonzague – les dogues sont en effet rares et très prisés à l'époque –, et un cheval, sans doute celui du marquis, qui fait sa fierté. À droite, on trouve les serviteurs ainsi que le paysage, qui poursuit la scène. Puis vient le marquis parti à la rencontre de son fils Francesco, fraîchement élu cardinal. On peut également reconnaître son frère, Frédéric Ier, le prétendant au trône. Cette fresque, située en plein air, est totalement différente de la précédente. Ouverte *a giorno*, la scène laisse apercevoir, à l'arrière-plan, une ville antique imaginaire, comme en témoignent les sculptures et les ruines architecturales.

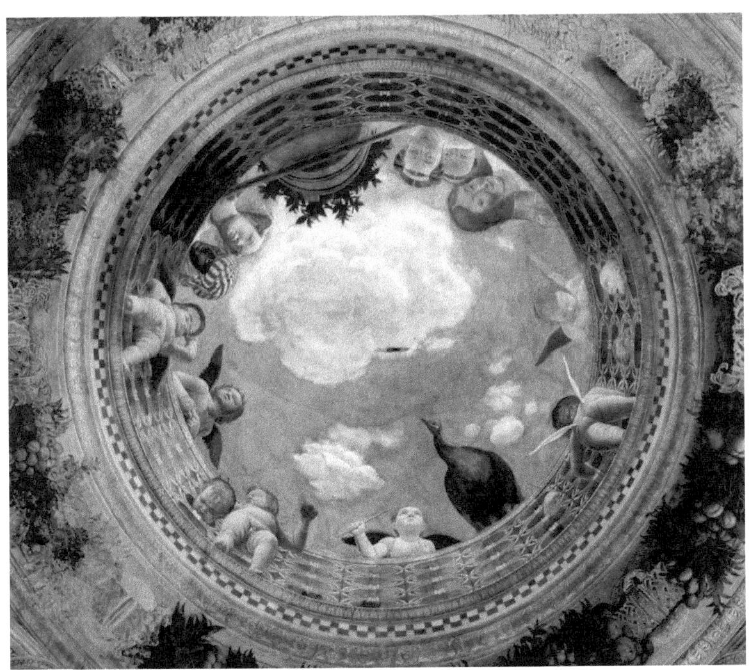

Centre du plafond, *Oculus*.

La pièce est surplombée d'un remarquable trompe-l'œil : l'*Oculus*, dans lequel de pétillants *putti* jouent avec le pseudo décor architectural. Corps et décor s'entremêlent, une tête ou une main sortent, çà et là, de la balustrade, comme si ces enfants se livraient à un jeu de cache-cache. La vue en contre-plongée sur les *putti* en tenue d'Adam invite à la détente, tandis que cinq femmes observent les visiteurs, amusées par le spectacle. À leurs coiffures, on comprend que les deux femmes de gauche sont mariées : en effet, à la Renaissance, il était d'usage pour les épouses de s'attacher les cheveux et de les voiler. Un pot d'oranger, symbole de la fécondité, et donc du mariage, les sépare des célibataires. Ainsi, l'*Oculus* évoque sans doute l'union de Barbara et Ludovic, les commanditaires de la décoration de la pièce. Non sans humour, une jeune femme menace de faire tomber le pot d'oranger sur le spectateur un peu trop curieux. Ce dernier ne peut s'empêcher d'admirer le ciel : son regard est comme aspiré vers les nuées. L'illusion est remarquable.

Tout dans cette salle participe au jeu dichotomique et illusionniste de l'ambiguïté intérieur/extérieur, privé/public, conjugal/politique, réalité/illusion. Par le biais de plusieurs artifices, la peinture dénonce sans doute combien la vie réelle est, elle aussi, pleine d'ambivalences. Les bas-reliefs du plafond doré à l'or fin représentent de nombreux empereurs romains. Mantegna place ainsi Ludovic III à l'égal des dirigeants de la Rome antique. Par ailleurs, dissimulé sur un faux pilastre à droite de la porte de la paroi ouest où se situe la plaque dédicatoire se trouve son autoportrait, probablement pour souligner sa nouvelle importance sociale. La dédicace de l'œuvre, portée par les *putti*, achève d'insister sur l'éloge qui est fait à toute la famille Gonzague. Elle souligne aussi la fausse modestie du maître, car Mantegna, en évoquant cette « modeste œuvre », savait sans nul doute qu'il signait là l'un des plus grands chefs-d'œuvre du *Quattrocento*.

ANDREA MANTEGNA, UNE SOURCE D'INSPIRATION

De son vivant, Andrea Mantegna participe pleinement à la diffusion des idéaux et du style renaissant, en particulier en Italie septentrionale. Ludovic III Gonzague compte sur l'artiste pour que Mantoue devienne aussi prestigieuse que Florence, berceau de la Renaissance. À sa suite, le Corrège (vers 1489-1534) décore lui aussi les fresques de l'église Sant'Andrea, dans laquelle la prégnance du maître est criante. Mais le style de Mantegna dépasse largement les frontières italiennes, notamment par le biais de ses œuvres gravées, qui trouvent un profond écho en Europe du Nord, en particulier chez Albrecht Dürer (1471-1528), Peter Paul Rubens (1577-1640) ou encore Rembrandt (1606-1669), comme l'attestent les copies qu'ils ont réalisées en s'inspirant de Mantegna. Ainsi, deux siècles plus tard, l'eau-forte de *La Vierge à l'Enfant* (1674) de Rembrandt, conservée au Metropolitan, reprend de manière saisissante l'attitude, le traitement et le dessin de *La Vierge à l'Enfant* (vers 1480-1490) de Mantegna qui se trouve à l'Albertina de Vienne. Mantegna se contente toutefois de dépeindre les personnages tandis que Rembrandt les incorpore dans un décor.

De même, Dürer a également copié de nombreuses gravures du maître et lui a emprunté quelques personnages, à l'instar du vieillard chauve de *Jésus et les docteurs* (1506), tirés de *L'Adoration des mages* (1497-1500). Le dessinateur du Nord aurait dit avoir ressenti une « vive douleur » à l'annonce de la mort de son maître. C'est en effet notamment grâce à la diffusion de ses gravures que l'Europe du Nord put connaître les avancées artistiques transalpines.

Mantegna est par ailleurs lui-même un pionnier dans de nombreuses techniques. Travailleur acharné, curieux et ouvert aux inventions de son époque, il n'a de cesse de se remettre en cause et de progresser. Ainsi, sa *Sainte Euphémie* (1454) est l'une des plus anciennes peintures sur toile a tempera, et il utilise l'huile comme fixateur pour une partie de la *Camera picta*. Vasari dit également de lui qu'il est l'inventeur de la gravure sur cuivre, et Mantegna aurait aussi participé à la diffusion des caractères antiques dans l'Italie du Nord. Enfin, Léonard de Vinci lui-même fut sensible à la place que l'artiste accorde au paysage et reprit souvent ses guirlandes, ses festons et la profusion de détails naturels si caractéristiques des œuvres du peintre.

Mais là où il excelle véritablement, c'est dans le trompe-l'œil et l'illusion. À cet égard, les XVIᵉ et XVIIᵉ siècles français lui doivent beaucoup, en particulier dans le domaine de la décoration murale. La perspective en contre-plongée, qu'il perfectionne, fait également de nombreux émules à travers les siècles. Ainsi, bien que féru d'antiquités, Mantegna apparaît comme un artiste novateur et résolument moderne.

EN RÉSUMÉ

- Mantegna, né vers 1431 près de Padoue, est l'un des plus grands représentants du *Quattrocento*. Posant les fondations de l'art de la Renaissance, il faut basculer l'Italie septentrionale dans une ère nouvelle.

- Passionné par l'Antiquité et la statuaire antique en particulier, il ponctue ses décors de références gréco-romaines et ses personnages s'apparentent presque à des statues, à l'image de ses *Saint Sébastien*.

- Cette influence de l'antique amène Mantegna à accorder une importance primordiale au trait et à la ligne. Il rompt ainsi avec le gothique au profit d'un style plus sévère et plus sec.

- Mais l'artiste est également ouvert aux avancées artistiques de son époque, notamment la perspective, dont il se sert pour renforcer le réalisme de ses décors. Quitte à déplaire à ses commanditaires, il devient un véritable maître de l'illusion et fait tout pour reproduire la nature le plus fidèlement possible. Il se démarque de ses contemporains par la multitude et la précision des détails dont ses œuvres regorgent.

- Grand technicien, il pousse le réalisme jusqu'à la prestidigitation et use de toutes sortes de stratagèmes pour abuser son spectateur, proposant des raccourcis en contre-plongée inédits dont le plus bel exemple est certainement l'*Oculus* de la *Camera picta*. Il s'agit là de l'une des caractéristiques majeures des œuvres de Mantegna.

POUR ALLER PLUS LOIN

SOURCES BIBLIOGRAPHIQUES

- « Andrea Mantegna », in *Larousse*, consulté le 25/11/2014. http://www.larousse.fr/encyclopedie/peinture/Andrea_Mantegna/153310
- « Andrea Mantegna, peintre de cour », in *Apparences*, consulté le 01/12/2014. http://www.aparences.net/art-et-mecenat/les-gonzaga-de-mantoue/andrea-mantegna-peintre-de-cour/
- ARASSE (Daniel), *L'Homme en jeu. Les génies de la Renaissance*, Paris, Hazan, 2008.
- ARASSE (Daniel), « Le programme politique de la *Chambre des époux* ou le secret de l'immortalité », in *Décors italiens de la Renaissance*, Paris, Hazan, 2009.
- ARASSE (Daniel), « Signé Mantegna », in *Le Sujet dans le tableau. Essais d'iconographie analytique*, Paris, Flammarion, 1997.
- ASTON (Margaret), *Panorama de la Renaissance*, Paris, Thames & Hudson, 2003.
- BOORSCH (Suzanne), *Andrea Mantegna, peintre, dessinateur et graveur de la Renaissance italienne*, Paris, Gallimard, 1992.
- CARAVAGLIA (Niny) et BONNEFOY (Yves), *Tout l'œuvre peint de Mantegna*, Paris, Flammarion, 1978.
- CHRISTIANSEN (Keith), *Mantegna, Padoue et Mantoue*, Paris, Hazan, 1995.
- CORDARO (Michele), *Mantegna. La Chambre des époux*, Paris, Gallimard/Electa, 1992.
- DELUMEAU (Jean) et LIGHTBOWN (Ronald) (sous la dir.), *La Renaissance*, Paris, Seuil, 1996.

- HUMPHREY (Peter), *La Peinture de la Renaissance à Venise*, Paris, Adam Biro, 1996.
- « La Renaissance », in *Le Grand Palais*, consulté le 08/12/2014. http://www.grandpalais.fr/fr/article/la-renaissance
- MOLINIÉ (Anne-Sophie), *Mantegna, peintre des princes*, Paris, À propos, 2008.
- MARADELLI (Maurizio), *Mantegna*. La Chambre des époux, Paris, Gallimard, 2000.
- NICOLÒ SALMAZO (Alberta de), *Mantegna*, Paris, Citadelles et Mazenod, 2004.
- OLSON (Roberta), *La Sculpture de la Renaissance italienne*, Paris, Thames & Hudson, 1992.
- ROETTGEN (Steffi), *Fresques italiennes. 1470-1510*, Paris, Citadelles & Mazenod, 1997.
- THIÉBAUT (Dominique) et AGOSTI (Giovanni) (sous la dir.), *Mantegna. 1431-1506*, catalogue d'exposition, Paris, musée du Louvre/Hazan, 2008.
- ZAMPETTI (Pietro), « Mantegna Andrea (1431-1506) », in *Encyclopaedia Universalis*, consulté le 02/12/2014. http://www.universalis.fr/encyclopedie/andrea-mantegna

SOURCES ICONOGRAPHIQUES

- MANTEGNA (Andrea), *Camera picta*, dite *La Chambre des époux*, 1465-1474, tempera *a fresco* et *a secco*, Mantoue, castello San Giorgio. Les photos reproduites sont réputées libres de droits.
- MANTEGNA (Andrea), *Lamentation sur le Christ mort*, vers 1484, tempera sur toile, 68 x 81 cm, Milan, pinacoteca di Brera. La photo reproduite est réputée libre de droits.
- MANTEGNA (Andrea), *Saint Sébastien*, vers 1480, tempera sur toile, 255 x 140 cm, Paris, musée du Louvre. La photo reproduite est réputée libre de droits.

www.50minutes.com

Éditeur responsable : Lemaitre Publishing
Rue Lemaitre 6 | BE-5000 Namur
info@lemaitre-editions.com

ISBN ebook : 978-2-8062-6161-8
ISBN papier : 978-2-8062-6162-5
Dépôt légal : D/2015/12603/12
Photo de couverture : © *Saint Sébastien* (vers 1480), par Andrea Mantegna.

Conception numérique : Primento,
le partenaire numérique des éditeurs